CHANSONS

NOUVELLES & POPULAIRES

POUR 1865

PARIS

RENAULT ET Cie, LIBRAIRES-EDITEURS
48, RUE D'ULM, 48
1865

CHANSONS

NOUVELLES & POPULAIRES

POUR 1865

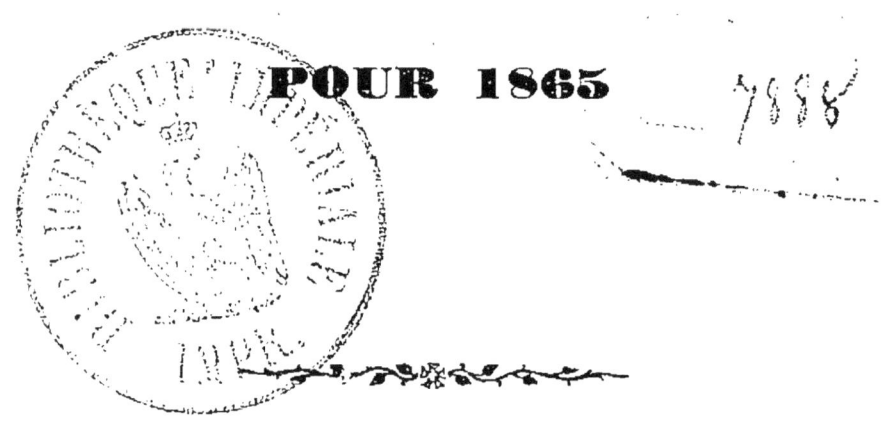

PARIS

RENAULT ET Cie, LIBRAIRES-ÉDITEURS

RUE D'ULM, 48

—

1865

Imprimé par Charles Noblet, rue Soufflot, 18.

CHANSONS

NOUVELLES ET POPULAIRES

Pour 1865

UN ANGE DÉCHU

Air des *Feuilles mortes,* ou : *Votre cœur m'est fermé;*
ou : *Ma mère, qu'as-tu fait.*

Fraîche et naïve enfant au matin de la vie,
Elle avait pour tout bien sa sainte pureté ;
Sous les yeux maternels, à l'abri de l'envie,
Elle vivait heureuse avec sa pureté.
Bientôt un séducteur !... dérision amère !
Dans les sentiers du mal sut égarer ses pas ;
Vous qui savez combien l'amour est éphémère,
Si vous croyez en Dieu ne la maudissez pas.

Fît-elle un bien grand crime en cédant aux instances
D'un riche et grand seigneur dont l'orgueil s'était tu?
Pour elle il n'était pas de rang ni de distance,
C'était peu d'un trésor pour doter sa vertu !
Aux plus tendres discours peut-on être rebelle,
Quand l'hymen et l'espoir ont de si doux appas ?
Vous qui savez combien elle était jeune et belle,
Si vous croyez en Dieu ne la maudissez pas.

Ne blâmez point trop tôt la douce confiance
Qu'elle avait su placer en son heureux vainqueur,
Comment aurait-elle eu la moindre défiance ?
Un sentiment sincère avait rempli son cœur.
Lorsque des passions s'abattit la tourmente,
La tendresse à ses yeux seule avait des appas;
Vous qui savez combien le ciel la fit aimante,
Vous qui croyez en Dieu ne la maudissez pas.

Quand de tout son malheur elle eut la certitude,
Folle et pâle de honte, elle voulait mourir ;
Un doux tressaillement tira d'incertitude
La pauvre délaissée inhabile à souffrir.
Elle allait être mère... A son devoir fidèle,
Ce cri de la nature empêcha son trépas ;
Vous qui savez combien son fils est aimé d'elle,
Si vous croyez en Dieu ne la maudissez pas.

Paix à l'ange déchu tombé dans notre enceinte,
Sous le hideux venin d'un souffle corrupteur,
Son corps est souillé seul ; son âme est toujours sainte ;
Que le mépris s'attache au front de l'imposteur.

Quel que soit le faux jour dont un sot la décore,
Comblons au moins l'abîme entr'ouvert sous ses pas.
Vous qui savez combien son âme est pure encore,
Si vous croyez en Dieu ne la maudissez pas.

LE CHASSEUR NOIR

BALLADE.

Air de *Perrette et le Sorcier*.

Berthe, la brune lavandière,
Un soir en traversant le val,
Aperçut près de la clairière
Un jeune chasseur à cheval.
Il était beau, mais son œil sombre
Brillait comme l'éclair qui luit,
Et son coursier marchait dans l'ombre
Sans que ses pas fassent de bruit.

REFRAIN.

Lorsque sur nos montagnes
Scintille l'étoile du soir,
Craignez, ô mes compagnes,
De rencontrer le chasseur noir.

Où vas-tu, gente jouvencelle,
Seule et si tard loin du hameau?

Noble seigneur, répondit-elle,
Je suis attendue au château.
Ne crains-tu pas, dans la nuit noire,
De voir le spectre du chasseur
Dont les pâtres content l'histoire ?
Beau cavalier, je n'ai pas peur.

    Lorsque, etc.

Ecoute, au loin gronde l'orage,
Le vent mugit dans les grands bois,
La vieille cloche du village
Tinte pour la dernière fois.
Mais l'effroi te gagne, il me semble ;
Sur mon fier cheval viens t'asseoir,
Et nous irons frapper ensemble
Au seuil du gothique manoir.

    Lorsque, etc.

Berthe approche sans défiance
Près du cavalier qui se tait,
Mais soudain sur elle il s'élance,
La jette en croupe et disparaît.
Puis au fond du val solitaire,
Un grand cri retentit, hélas !
Depuis ce temps, dans sa chaumière,
La pauvrette ne revint pas.

    Lorsque, etc.

LA CHANSON DU MOULIN

Air : *A mon beau Château,* ou *le Pied qui r'mue*.

C'est la servante à Nicolas *(bis.)*
Qu'était à ravauder ses bas *(bis.)*
   Sur le sac de blé,
Flon, flon, flon, la riradondaine,
   Sur le sac de blé,
Flon, flon, flon, la riradondé,
   Tic et tac, trin, trin,
      Tourne,
   Mon joli moulin.

Puis voilà qu'arrive un valet *(bis.)*
Qui lui présente un biau bouquet, *(bis.)*
   Sur le sac de blé,
Flon, flon, flon, la riradondaine,
   Sur le sac de blé,
Flon, flon, flon, la riradondé,
   Tic et tac, trin, trin, etc.

Le gros meunier qui les voyait *(bis.)*
Lui dit : Que fais-tu là, valet, *(bis.)*
   Sur le sac de blé ?
Flon, flon, flon, la riradondaine,
   Sur le sac de blé ?
Flon, flon, flon, la riradondé,
   Tic et tac, trin, trin, etc.

Vous le voyez, dit le valet, (*bis.*)
Je faisons la cour à Babet, (*bis.*)
  Sur le sac de blé,
Flon, flon, flon, la riradondaine,
  Sur le sac de blé,
Flon, flon, flon, la riradondé,
  Tic et tac, trin, trin, etc.

Epouse-la, dit le meunier, (*bis.*)
J'vous donnons pour vous marier *bis.*)
  Un grand sac de blé,
Flon, flon, flon, la riradondaine,
  Un grand sac de blé,
Flon, flon, flon, la riradondé,
  Tic et tac, trin, trin, etc.

Bref, le couple qui s'épousa (*bis.*)
Plus tard au meunier succéda (*bis.*)
  Pour moudre le blé,
Flon, flon, flon, la riradondaine,
  Pour moudre le blé,
Flon, flon, flon, la riradondé,
  Tic et tac, trin, trin.
Depuis ce temps tourne, tourne,
  Tic et tac, trin, trin,
   Tourne
  Leur joli moulin.

SOUTENONS L'HONNEUR DU DRAPEAU

AU 57ᵉ DE LIGNE SURNOMMÉ LE TERRIBLE

Air du *Drapeau de la Liberté*, ou : *A genoux devant le Soleil.*

CHANSON TOAST.

Sous ce drapeau qui nous rassemble
Je porte un toast à l'amitié,
Nos verres sont pleins, il me semble,
Ne les vidons pas à moitié.
Puisque ce fraternel emblème
Rallie aujourd'hui son troupeau,
Enfants du cinquante-septième,
Soutenons l'honneur du drapeau.

Salut au numéro qu'il porte,
Salut à tous ses défenseurs,
La gloire partout fit escorte
A ses glorieuses couleurs.
Cent fois l'étranger devint blême
Devant cet immortel lambeau;
Enfants du cinquante-septième,
Soutenons l'honneur du drapeau.

S'il fut surnommé le terrible,
C'est que partout (bravant le feu),

L'on a vu flotter ce vieux crible,
Du bon droit défendant l'enjeu.
Contre lui criez : anathême,
Vaincus... si fiers de Waterloo !
Enfants du cinquante-septième,
Soutenons l'honneur du drapeau.

S'il fallait qu'ici j'énumère
La liste de tous les héros
Illustrés sous cette bannière,
Que de tombes auraient d'échos.
A ses martyrs (pour diadème)
La France accorde un vert rameau,
Enfants du cinquante-septième,
Soutenons l'honneur du drapeau.

Buvons à son passé, mes frères
(Riches des fleurs du souvenir),
Et sachons imiter nos pères,
Si besoin est dans l'avenir...
Oui, buvons à l'honneur... quand même !
Et... jusqu'aux portes du tombeau,
Enfants du cinquante-septième,
Soutenons l'honneur du drapeau.

COCO BEL-ŒIL

CHANSONNETTE.

Air de *la Belle Polonaise* (LODOÏSKA).

Gente dame nature
En naissant m'a doté
D'un charme qui m'assure
D'enjôler la beauté !
Est-on laid pour être borgne ?
Non ! mon regard de velours,
Aux fillettes que je lorgne,
Fait éveiller les amours...
Si je n'ai jamais d'écueil,
Je m'en vante avec orgueil...
C'est grâce à Coco-cobel-Bel-Œil,
    Coco-Bel-Œil !
    Ah ! ah ! ah !
Si je n'ai jamais d'écueil,
(*Parlé.*) Grâce à qui..... grâce à quoi...
Je m'en vante avec orgueil...
C'est grâce à Coco-cobel-Bel-Œil,
    Coco-Bel-Œil ! etc.

J'aime au clair de la lune
La blonde au teint vermeil...
Et j'adore la brune
Aux rayons du soleil...
Aux rendez-vous que je donne,

Je suis beau comme le jour...
Le diable est en ma personne,
Car je n'ai jamais fait four !
Si je fais peu l'écureuil :
(*Parlé.*) Grâce à qui..... grâce à quoi ....
Je m'en vante avec orgueil...
C'est grâce à Coco-cobel-Bel-OEil,
       Coco-Bel-OEil ! etc.

Au bal, un jour de fête,
  Animé d'argenteuil,
Je fis une conquête ;
  Dieux, comme j'ouvris l'œil !
J'allais dépeindre ma flamme
Et me mettre à ses genoux,
Quand le mari de la dame
Apparut auprès de nous !
Je m'enfuis comme un chevreuil...
(*Parlé.*) Grâce à qui..... grâce à quoi.....
Je m'en vante avec orgueil...
C'est grâce à Coco-cobel-Bel-OEil,
       Coco-Bel-OEil ! etc.

Quatre-vingt-dix maîtresses
  Forment mon bataillon,
Je possède leurs tresses
  Dans un gros médaillon...
Des maris je suis l'orage,
Pour eux je suis sans pitié.
J'ai pour moi dans leur ménage
Les trois quarts... de leur moitié !

Si l'on me fait cet accueil...
(*Parlé.*) Grâce à qui..... S. V. P.....
Je m'en vante avec orgueil...
C'est grâce à Coco-cobel-Bel-Œil,
      Coco-Bel-Œil ! etc.

J'ai dépassé Joconde,
Et Faublas et don Juan,
J'ai su faire en ce monde
Même envie au Sultan !
De l'Amour je suis bien digne.
Il est aveugle, dit-on,
Par mon œil, en droite ligne...
Je descends de Cupidon !...
De Paris jusqu'à..... Montreuil.
(*Parlé*). Aussi.....
Je m'en vante avec orgueil...
On cite Coco-cobel-Bel-Œil,
      Coco-Bel-Œil !
      Ah ! ah ! ah !
De Paris jusqu'à...... Montreuil,
Je m'en vante avec orgueil...
On cite Coco-cobel-Bel-Œil,
      Coco-Bel-Œil !

LES SOUVENIRS D'UN VIEUX MARIN

CHANT MARITIME.

Air de *Beau Nuage*.

REFRAIN.

Adieu, mes beaux rivages
Où je vivais heureux,
Plus de ces longs voyages, ⎫
Maintenant je suis vieux. ⎭ *Bis.*

Au temps de ma jeunesse,
Avec quelle allégresse,
Et quelle douce ivresse
Narguant le bruit des flots,
Voguant sur l'onde immense,
Vivant d'insouciance,
Chantant, plein d'espérance,
Le chant des matelots.   Adieu, etc.

La mer, miroir magique,
Elément magnifique,
Lorsque sous le tropique
Nous passions, quel beau jour !
Les jeux, les ris, la danse,
Le bon vin, la bombance,
Voilà ce qu'en silence,
Je regrette toujours.   Adieu, etc.

Mais parfois, l'âme émue,
Quand s'offrait à ma vue
L'éclair fendant la nue,
A genoux je tombais ;
Songeant à ma patrie,
A ma mère chérie,
A la Vierge Marie,
Priant, je m'adressais.   Adieu, etc.

Maintenant, seul au monde,
Lorsque la foudre gronde,
Triste, regardant l'onde,
Je me dis bien souvent :
Ma corvette chérie,
Toi, seul bien de ma vie,
Je n'ai plus, mon amie,
Pour moi que le néant.   Adieu, etc.

LE CHANT DE LA FOURMI

Air de *la Cigale*. (LÉONARD. — Théâtre du boulevard
du Temple.)

On me prêcha l'économie,
On m'éleva dans la vertu ;
Je sentis mon âme affermie
Quand le mal en fut combattu.

Au cœur, je n'ai pas l'avarice,
J'aide le pauvre et bénis Dieu,
Je suis la fourmi bienfaitrice :
J'aime à me contenter de peu.

REFRAIN.

Je suis économe,
Gagnant nuits et jours,
Ma petite somme
S'augmente toujours.
L'aiguille avec zèle
Sous mes doigts frémit,
Aussi, l'on m'appelle :
L'active fourmi !

La pauvreté n'est pas un vice,
Je ne dois pas m'en attrister,
Songeons qu'il est un précipice :
La paresse !... il faut l'éviter !
Je la repousse sans relâche
Près d'elle est l'abîme entr'ouvert...
Aussi j'ai soin de prendre à tâche :
De gagner l'été pour l'hiver !
Je suis économe, etc.

Ces jeunes fous comme ils dépensent
Pour le plaisir des monceaux d'or !...
S'étant ruinés, un jour, ils pensent
Pouvoir se rattraper encor.
Il n'est plus temps... triste faiblesse !...

Car en fuyant loin du bercail,
On perd, gaspillant sa jeunesse,
La force et le goût du travail !
Je suis économe, etc.

LE TIC-TAC DU MOULIN

Air : *En jouant du mirlitir.*

Rose, notre meunière,
Ayant su me charmer,
Je cherche la manière
D'pouvoir m'en faire aimer.
Pour ell' mon cœur fait tic toc
Quand son moulin fait tic tac,
Du pays je suis le coq,
Je vous le dis sans mic-mac.
Pour elle mon cœur fait tic toc
Quand son moulin fait tic tac,
Quand son moulin fait tic tac,
Tic tac, tic tac, tic tac.

Je lui dirai : ma belle,
Mon cœur bondit d'amour,
Ne soyez point cruelle,
J'en dors ni nuit ni jour.
Pour vous mon cœur fait tic
Quand vot' moulin fait tic tac,

Pour bien en sentir le choc,
Touchez là mon estomac.
Pour vous mon cœur fait tic toc
Quand vot' moulin fait tic tac,
Quand vot' moulin fait tic tac,
   Tic tac, tic tac, tic tac.

Accordez à ma flamme
Un bienheureux baiser,
Mon bonheur le réclame,
N'allez pas refuser.
Car mon cœur qui fait tic toc,
Quand vot' moulin fait tic tac,
En me brisant contre un roc
Ou me noyant dans le lac,
Il ne ferait plus tic toc
Quand vot' moulin f'rait tic tac,
Quand vot' moulin f'rait tic tac,
   Tic tac, tic tac, tic tac.

Sans être millionnaire,
J'avons beaucoup d'écus,
Si cela peut vous plaire,
Acceptez donc en plus
Un bon cœur qui fait tic toc,
Quand vot' moulin fait tic tac,
Et je vous apporte en bloc
En bon grain bien plus d'un sac,
Pour vous mon cœur fait tic toc
Quand vot' moulin fait tic tac,

Quand vot' moulin fait tic tac,
 Tic tac, tic tac, tic tac.

Si je la vois sourire,
Mon bonheur est certain,
Car cela voudra dire :
Je vous donne ma main.
Si votre cœur fait tic toc
Quand mon moulin fait tic tac,
Le mien se ressent du choc,
De l'hymen passons le bac.
Nos deux cœurs feront tic toc,
Quand le moulin f'ra tic tac,
Quand le moulin f'ra tic tac,
 Tic tac, tic tac, tic tac.

ENCORE UN BOUCHON D'SAUTÉ

Air : *Encore un carreau d'cassé.*

Encore un bouchon d'sauté,
C'te bouteill'-là j'la casse ;
Encore un bouchon d'sauté,
Ça ramèn' la gaîté.

Allons, garçon, n'fais pas la sourde oreille,
Nous somm's ici tous de joyeux lurons,

Dépêchons-nous, vite une autre bouteille,
Puis aussitôt en chœur nous chanterons :

> Encore un bouchon d'sauté,
> C'te bouteill'-là j'la casse ;
> Encore un bouchon d'sauté,
> Ça ramèn' la gaîté.

Oui, mes amis, si nous voulons bien vivre,
Il ne faut pas y regarder d'si près ;
Car ce bon vin dont le goût nous enivre,
Nous n'l'aurons plus à l'ombre des cyprès.

> Encore un bouchon, etc.

Puisqu'en buvant cette liqueur vermeille,
Nous voulons bien l'honorer en ce jour,
Débouchons vite encore une bouteille,
Car chaque litre aura bientôt son tour.
> Encore un bouchon, etc.

En sommes-nous seul'ment à la treizième,
Ne restons pas sur ce nombre fatal ;
Vite comptons jusqu'à la dix-septième.
Plus nous buvons, plus c'est original.

> Encore un bouchon, etc.

J'ai toujours soif, je boirais bien encore,
Dès à présent n'comptons plus qu'les bouchons,
Buvons toujours, buvons jusqu'à l'aurore,
Et répétons en joyeux folichons :

Encore un bouchon d'sauté,
C'te bouteill'-là j'la casse ;
Encore un bouchon d'sauté,
Ça ramèn' la gaîté.

LE VIEUX FORGERON

Air de *Robinson*.

Chaque matin dans le village
Ton marteau sonne le réveil.
Que dira-t-on si ton ouvrage
Dormait à l'ombre du soleil ?
Reprends cette barre rebelle
Cédant aux coups intelligents,
Et fais voler chaque étincelle, (*Bis.*)
Le travail, enfants, est urgent. (*Bis.*)

REFRAIN.

Pan, pan, pan, pan, frappe en chantant ;
Ton enclume
Jamais ne s'enrhume,
Pan, pan, pan, pan, frappe en chantant ;
L'ouvrage rend le cœur content.

Comme ton père aie du courage
Et ses énergiques vertus,

Puisque c'est le seul héritage,
Ah! de ce bon vieux qui n'est plus.
Mais rappelle-toi ta jeunesse,
Ta pauvre mère et ton berceau,
Et pour soutenir sa vieillesse, *(Bis.)*
Redouble tes coups de marteau. *(Bis.)*
Pan, pan, pan, pan, etc.

Forger pour défricher la terre,
Pour l'industrie et son pays,
Forger pour la paix ou la guerre,
Voilà le devoir d'un bon fils.
Pour troubler ton indépendance,
Si l'étranger faisait un pas,
Forge des armes pour la France, *(Bis.)*
Sois brave et ne recule pas. *(Bis.)*
Pan, pan, pan, pan, etc.

LES MIRLITAIRES

ET LES BONNES D'ENFANTS

CHANSONNETTE COMIQUE.

Air : *Ah! Zut, alors!*

Dédans le corps z'ousque je sers la France
    Chaque troupier
  Connaît bien son métier ;

Pour nous l'amour est la corn' d'abon dance,
.Où l' troubadour
Va puiser tour à tour.

REFRAIN.

C'polisson d'chako,
Tap'dessus l'coco
D' tout's les fâmes
Par malheur ces dâmes,
Dans nos poitrin's n'ont pas d'écho.
Les celles — Pour lesquelles
Nos cœurs batt't z'et restent fidèles,
Possèd't des appas
Que les fâmes de pékins n'ont pas.
Voilllà pourquoi que tous les mirlitaires
Sont galants — En tout temps
Z'avec les bonn's d'enfants;
Les bonn's d'enfants ador't les mirlitaires,
Aussi les mirlitair's n'aim' que les bonn's d'enfants.

J'eusse voulu... tenez, moi qui vous parle,
Quand j'ai t'été
Par la gloire emporté,
En Chine, un jour, une princess' m'a dit : Charle!
Aim'-moi... z'et d'main
Tu s'ras mon mandarin...
C'polisson d'chako, etc.

Si nous avions des cœurs à la douzaine,
Ah ! sur ma foi,
Qu'est-c' que ça m' f'rait à moi ?

J'les vois souffrir, vraiment ça m'fait d'la peine,
    C'est bien amer,
  Mais je n'puis les *aimer*.
    C'polisson d'chako, etc.

Quand z'un guerrier manqu' de particulière,
    Incontinent,
   Z'il va voir l'éléphant ;
Subséquemment là z'il trouv' son affaire.
    Bonn's et marmots,
   Z'aim' tant les animaux...
    C'polisson d'chako, etc.

Seigneurg', mon Dieurg'! toi qui sais la faiblesse
Du fantassin — Pour le dieu libertin
Dessur le corps que ton œil soit sans cesse,
Souar et matin, — l' beau sesque est si coquin.

    C'polisson d'chako,
     Tap' dessus l'coco
      D' tout's les fâmes,
     Par malheur ces dâmes
  Dans nos poitrin's n'ont pas d'écho.
    Les celles — Pour lesquelles
 Nos cœurs batt't et restent fidèles,
    Possèd't des appas
 Que les fâmes de pékins n'ont pas.
Voilllà pourquoi que tous les mirlitaires
    Sont galants — En tout temps
   Z'avec les bonn's d'enfants ;
 Les bonn's d'enfants ador't les mirlitaires,
Auss les mirlitair's n'aim' que les bonn's d'enfnats.

LES VŒUX ET LA PRIÈRE

D'UN ENFANT POLONAIS

Air : *Viens, belle nuit,* ou de *Béranger à l'Académie.*

Abandonné, seul, hélas ! sur la terre,
Je n'ai plus rien, ni parents ni d'amis,
Dans un combat j'ai vu tomber mon père,
En défendant les droits de son pays.
Il combattait pour une noble cause
Dont le tombeau emporte les regrets ;
Et maintenant tranquillement repose :
Plaignez, plaignez l'orphelin polonais.

Ils ont brûlé notre pauvre chaumière,
C'était pour nous un tendre souvenir.
C'est sous son toit que naquit mon grand-père ;
Pour s'affranchir lui sut aussi mourir.
Mais dans mon cœur brûle la même flamme,
Je suis trop jeune, hélas ! si je pouvais,
Je marcherais au combat avec âme.
Plaignez, plaignez, etc.

J'ai vu tomber aussi ma bonne mère,
Non, rien ne put arrêter leurs fureurs,
Larmes, sanglots, pas même la prière,
Ils ont aussi massacré mes deux sœurs.
Moi, si je vis, grâce à la Providence,

Mais que ferai-je ici-bas désormais ?
Dans le Très-Haut je mets ma confiance,
Plaignez, plaignez, etc.

ÉPILOGUE.

LE BON CŒUR D'UNE DAME FRANÇAISE.

Pauvre petit, à ta douleur amère,
Moi je prends part et connais tes regrets ;
Viens, je veux être ta seconde mère,
Tu goûteras le bonheur et la paix.
Votre bon cœur, madame, me l'ordonne,
Mon dévoûment est à vous désormais ;
Merci ! merci ! oh ! que vous êtes bonne,
En recueillant l'orphelin polonais.

JE VOUS AIME

ET NE VOUS AIME PLUS

CHANSONNETTE.

Air des *Deux Edmond*, ou *J'ai ri comme un bossu*.

Je vous aime, mademoiselle,
Près de vous nulle autre n'est belle,
J'aime entre tout votre gaité,
    Votre bonté.   (*Bis.*)

Mais si vous faites la grimace,
Alors cela change de face ;
Je vous le dis, foi d' Nicolas,
  Non, je n'vous aime pas. *(Bis.)*

J'admire aussi votre tournure,
Et puis votre air candide et pure,
Votre maintien si gracieux,
  Et vos beaux yeux. *(Bis.)*
Lorsque vous êtes en toilette,
Et que vous faites la coquette,
Avec cerceaux et falbalas,
  Non, je n'vous aime pas. *(Bis.)*

J'aime aussi votre doux sourire,
Surtout lorsqu'il semble me dire :
Je vous aime de tout mon cœur,
  Ah ! quel bonheur. *(Bis.)*
Mais lorsque nous sommes à la danse,
Là, c'est une autre différence ;
Aux garçons si vous parlez bas,
  Non, je n'vous aime pas. *(Bis.)*

J'aime, lorsque vous êtes bonne,
Aux malheureux faisant l'aumône ;
Puis j'aime vous voir au saint lieu
  Adorer Dieu. *(Bis.)*
Mais lorsque je vous vois maussade,
Critiquer comme une bavarde,
Mépriser chacun ici-bas,
  Non, je n'vous aime pas. *(Bis).*

Je vous aime lorsqu'à l'ouvrage,
Vous travaillez avec courage,
Là, moi je redouble d'efforts,
    Pour notre sort.   (*Bis*.)
Mais quand je vous vois nonchalante,
Boudeuse, acariâtre et méchante,
Me chercher des sis et des cas,
    Non, je n'vous aime pas.   (*Bis*.)

Vous proposant le mariage,
Je veux que dans notre ménage
Que nous soyons toujours d'accord
    Jusqu'à la mort.   (*Bis*.)
Ne croyez pas être maîtresse,
Car ici je vous le confesse,
Je veux être maître absolu,
    Sinon, n'en parlons plus.   (*Bis*.)

UNE NOCE A TOUT CASSER

ou

LES MALHEURS D'UN INVITÉ

BALANÇOIRE COMIQUE.

Air : *Ça vous coupe la gueule à quinze pas.*

L'z'amis, l'autre jour v'là que j'fus invité,
    C'était pour aller à la noce,

Je m'en suis donné, j'vous l'jur' en vérité,
　　Du plaisir ainsi qu'une bosse ;
　　L'marié, Dieu ! quel beau bancal,
La mariée bossue et pas trop mal ;
　　Je puis le dir' sans les vexer,
　　Qu' c'était une noce à tout casser. } *Bis.*

D'abord au milieu ou la fin du repas
　　V'là qui s'élève une dispute,
L'on fait voltiger les assiettes et les plats,
　　L'on me poche un œil dans la lutte ;
　　Le manger ainsi que le vin,
Pour le combat cela servait d'engin ;
　　L'z'amis, j'vous l'dis sans vous vexer,
　　Qu' c'était une noce, etc.

Au bout de trois heures voilà que ça finit,
　　Tout doucement cela s'apaise,
Je cherch', mais en vain, le pan de mon habit,
　　Je le retrouv' sur une chaise ;
　　Et puis j'ai perdu un soulier,
J'suis obligé de marcher nu d'un pied.
　　L'z'amis, etc.

Enfin v'là qu' chacun s'apprête pour le bal,
　　Malgré mon pied nu faut que j'danse,
Et de l'avant-deux l'on donne le signal,
　　L'on m'marche dessus, quelle chance !
　　Je tomb', mais hélas ! quel affront,
Je déchire le fond d'mon pantalon.
　　L'z'amis, etc.

2.

Brisé, presque nu, j'suis revenu chez moi,
　　Plus d'pan d'habit, l'œil à la coque,
Plus d'fond d'pantalon et qu'un soulier, ma foi,
　　Je me souviendrai d'cette époque.
　　　Faut avouer qu' j'ai du malheur,
Moi qui m'étais promis tant de bonheur ;
　　L'principal, tout s'est bien passé
　　Dans cette noce à tout casser.

LES DIABLES ROSES

Paroles de Jules de Blainville.

Air de *Marianne* ou du *Petit Lapin*.

Sur un pupitre du collége,
N'ayant pas un plus doux coussin,
En ronflant on rêve d'Elphège
Dont on est le petit cousin.
　　Dans ce beau rêve,
　　La fille d'Eve,
Vous souriant d'un petit air mutin,
　　Vous dit : je t'aime !
　　Oh ! joie extrême !
Qu'on ne saurait rendre, même en latin...
　　Un pion vous réveille, une dose
　　D'alexandrins vient vous calmer...
　　— Qui donc déjà vous fait trimer ?
　　— Un petit diable rose. (*bis.*)

Plus tard, de la docte Sorbonne
Si nous suivons très-peu les cours,
C'est que trop verte est sa couronne,
Bien roses celles des amours !
  Avec Estelle,
  Avec Adèle,
Filles vraiment plus fortes qu'on ne croit,
  Comme on pratique
  La rhétorique,
Ah ! comme on aime à leur montrer le droit,
 Ignorant et textes et gloses,
 A chaque examen, c'est certain,
 Si l'on passe pour un crétin,
  C'est grâce aux diables roses. (*bis*.)

Ciel ! qu'entends-je ? à la brasserie,
On nous traite de *jeunes-vieux;*
Aux lutins de la Closerie
Faisons donc, hélas ! nos adieux.
  Mais c'est à peine,
  Si de la Seine
Nous atteignons l'autre bord, que soudain,
  Biches, cocottes,
  De leurs menottes,
Offrent un stick (ce sceptre du gandin),
 Pour prix de nos métamorphoses...
 Bref, on devient, bon gré, mal gré,
 Ridicule au dernier degré,
  Pour plaire aux diables roses. (*bis.*)

Parmi nous quelques intrépides,

De la fortune enfants gâtés,
Mènent la vie à grandes guides,
Et s'enivrent de voluptés.
    Comme ils s'amusent!
    Mais comme ils s'usent!
Au doux contact des folles passions;
    « Le réalisme
    N'a point de prisme,
Arrière donc, vaines illusions!... »
    Sachant très-bien faire les choses,
    De retour de Bade, ou Vichy,
    Vous les conduisez à Clichy
        Bons petits diables roses. (*bis.*)

    Un jour arrive où la folie
    Cède le pas à la raison;
    Auprès d'une épouse jolie,
    Heureux qui trouve à la maison
        Un beau zouave,
        Qui d'un air grave,
Vous menaçant d'un brillant coupe-choux,
        N'en veut démordre,
        Mais au mot d'ordre:
« *Polichinel et boîte de joujoux,* »
    Prenant bien vite une autre pose,
    En souriant grimpe après vous,
    Et vous avez sur les genoux
        Un petit diable rose. (*bis.*)

J'N'AI PAS L'SOU !

REFRAIN EXTRA-POPULAIRE.

Sur l'air de *Fallait pas qu'y aille !*

Paroles d'Albert CAHEN.

Lundi... *la flemm'* m'accroche ;
 Quoi... du flan !
Je laiss' tout en plan !...
Car ma vaissell' de poche
Hier prit trop d'élan.
 Mon singe, hélas !
 Ne m'prêt'rais pas...
Mais... j'ai, dans *ma famille*,
 Un' bien *bonn' fille*...
 Toujours prête à
Me répondre : en voilà !
Oh ! la la, oh ! la la ! (*bis.*)

REFRAIN.

J'n'ai pas l'sou !...
J'n'ai pas l'sou !...
J'm'en vais voir *ma tante*,
Là, j'toucherai *ma rente*,
 J'n'ai pas l'sou !
 J'n'ai pas l'sou !
J'accroch' chez *ma tante*
 Tout au clou.

C'était la pay', quell' bosse!...
  Quoi..., du flan!...
 On mit tout en plan!...
Hier on fit un' noce...
A tout casser, vraiment.
  Y avait des plats
   D'gib'lott's de chats...
Avec du p'tit suresne!...
  Puis... au Vieux-Chêne...
  Après l'gala,
Chacun s'*est pâmé là.*
Oh! la la, oh! la la. (*bis.*)
  J'n'ai pas l'sou, etc.

L'soir, pour la belle Hélène,
  Quoi... du flan!
 Je laiss' tout en plan!!!
Je *dansais* pour c'te reine...
D'un joli châl' tartan...
  N'ayant plus rien,
  Un Brésilien
Me la *souffla* sans peine...
  Maint'nant quell' veine!...
  D'vant l'buffet v'là
  Que j'danse la polka!
Oh! la la, oh! la la! (*bis.*)
  J'n'ai pas l'sou, etc.

Si pour cette *Cocotte,*
  Quoi... du flan!...
 Je mets tout en plan!!!

Draps, mat'las, redingote,
Et l'reste d'l'habillement...
    Comme on rira
    Lorsque viendra
L'propriétair' si ferme...
    Me dir' : vot'terme.
    Rien ! halte-là !
J'vais fair'saisir tout c'la !!!
Oh ! la la, oh ! la la ! (*bis.*)
    J'n'ai pas l'sou, etc.

J'emport' mon *espérance*...
    Quoi... du flan !
    Ma tant' guide mes plans !
J'aurai d'*la r'connaissance*,
Elle m'a donné vingt francs !
    Eh quoi ! j'apprends
    Que d'brav's enfants
Souscriv'nt pour la misère !
    J'partage... en frère !...
    L'restant s'mang'ra
Et toujours on dira :
Oh ! la la, oh ! la la ! (*bis.*)
    J'n'ai pas l'sou !
    J'n'ai pas l'sou !
J'm'en vais voir *ma tante*,
Là, j'toucherai *ma rente*...
    J'n'ai pas l'sou !
    J'n'ai pas l'sou
J'accroch' chez *ma tante*
    Tout au clou !

L'AMOUR FILIAL

OU LA PAUVRE FOLLE

ROMANCE.

Paroles de F. E. Pecquet.

Air : *Viens, belle nuit, la Cinquantaine,* ou *Béranger à l'Académie.*

Un soir passant auprès d'un cimetière,
Là, j'entendis un bruit inusité,
Je vis assis sur une froide pierre
Un bel enfant sous un saule abrité,
Disant : Mère, votre enfant, votre idole,
Que vous aimiez ne craint pas un rival ;
La pauvre fille, hélas ! elle était folle, } *bis.*
Folle d'amour, mais d'amour filial.

Demain plus d'une, oh ! oui, sera jalouse,
En me voyant paré' de beaux atours,
De mon Arthur je serai donc l'épouse,
Mais à vous deux, mère, tous mes amours.
Je ne suis pas coquette, ni frivole,
Pour moi demain sera mon dernier bal ;
La pauvre fille, etc.

Moi, vous quitter, oh ! non, jamais, ma mère,
Au loin de vous pour moi plus de bonheur ;

Je l'aime bien, mais vous m'êtes bien chère,
Ne craignez rien, il possède un bon cœur.
Dormez en paix, car l'ange qui console
Veille sur vous d'un amour sans égal ;
La pauvre enfant, etc.

Puis je la vis s'affaisser sur la pierre
En répétant tout bas, bien bas, ces mots :
Pardonnez-moi, ma bonne et tendre mère
Je vais aussi prendre un peu de repos.
Je m'approchai ; à ma douce parole,
Rien ne répond, tout était glacial,
La pauvre enfant, elle était morte folle,
Folle d'amour, de l'amour filial.

SI TU N'AIMES PAS ÇA

PRENDS DONC AUTRE CHOSE

DICTON POPULAIRE COMIQUE.

Paroles de F. E. Pecquet.

Air: *Fallait pas qu'y aille.*

L'autre jour un ivrogne,
  Chancelant,
 S'en allait chantant :
Moi, j'aime le bourgogne
C'est mon seul élément.

Sur le trottoir,
Il va s'asseoir,
S'abîme la figure,
　Puis il murmure :
　Ah ! quel affront !
Un farceur lui dit : Bon.

RÉFRAIN.

　V'là qu'tu t'poses !　(4 fois.)
Si tu n'aimes pas ça,
Prends donc autre chose, (bis.)
Si tu n'aimes pas ça,
Prends donc autre chose
　　De moins plat.

Pour me mettre en ménage,
　　Nom d'un chien !
　Dit un jour Bastien,
Je veux fillette sage,
Ou bien... il n'en est rien.
　Notre amoureux,
　Oh ! jour heureux,
Trouve Rose jolie,
　Il se marie.
　C'qui l'chagrina,
D'deux enfants d'vint papa
　Ah ! dit Rose,　(4 fois.)
Si tu n'aimes pas ça,
　Prends donc autre chose,　(bis.)
Si tu n'aimes pas ça,

Prends donc autre chose
Qui t'plaira.

L'hiver, malgré la neige,
Un pêcheur
Voit un coup flatteur,
Car s'enfonce son liége.
Ah ! pour lui, quel bonheur !
Il tire fort
Trop sur le bord,
Tombe dans la rivière ;
Un gai compère
Lui dit : Mon bon,
Comment trouv'-tu l'bouillon
Et la sauce ? (4 *fois*)
Si tu n'aimes pas ça
Prends donc autre chose, (*bis.*)
Si tu n'aimes pas ça,
Prends donc autre chose
Plus chaud que ça.

Un marin, joyeux drille,
Et charmant
Pour le sentiment,
Assis près d'une fille
Offrit très-galamment,
Mais avec tact,
De son tabac.
Ouvrant sa tabatière,
Lui dit : Ma chère,
C'est du nouveau...
Mais c'était un pruneau.

Mam'zell' Rose! (*4 fois.*)
Si vous n'aimez pas ça,
Prenez autre chose; (*bis.*)
Si vous n'aimez pas ça,
Prenez autre chose;
Et voilà !

Un beau jour, en Crimée,
L'arme au bras,
Un de nos soldats,
Digne fils de l'armée,
Marchait au petit pas.
Au petit jour,
Près d'un carr'four,
Vl'à qu'un Russe s'avance,
Il dit : qu'ell'chance,
Paf ! il l'étend...
Puis lui crie, en riant :
Gobe la sauce ! (*4 fois.*)
Si tu n'aimes pas ça,
Prends donc autre chose, (*bis.*)
Si tu n'aimes pas ça,
Prends donc autre chose,
Je suis là.

MONSIEUR JEAN

Paroles de Louis BERTRAND.

Air de *Madame Grégoire* (Béranger)

Le choix d'un métier
Pour vivre est la loi générale,
Par le fait, portier,
J'ai quitté ce nom qui avale ;
Car d'un servile emploi
Quand on sut comme moi
S'en faire un pouvoir qui gouverne,
Au diable un titre subalterne !
    Je suis monsieur Jean,
    Le concierge-gérant.

Ma loge d'abord
Jadis sombre, étroite tanière,
D'un riant confort
Étale l'aisance rentière,
Mobilier d'acajou
Miroite en ce bijou :
Venez-y me voir et m'entendre
A mon bureau de palissandre...
    Je suis monsieur Jean,
    Le concierge-gérant.

Je fais mon chemin ;
Du propriétaire, à merveille,
Je tiens dans la main
Le bras, le cœur, l'œil et l'oreille

De son autorité,
Je n'use en vérité,
Qu'en mettant ceux, en quelque sorte,
Qui me déplaisent à la porte...
Je suis monsieur Jean,
Le concierge-gérant.

Peut-être entre nous,
Montrai-je un peu trop d'exigence;
La pièce cent sous
Pourtant me pousse à l'indulgence.
Mais, ennemi du bruit,
Jamais, passé minuit,
Qu'on frappe, qu'on crie, ou qu'on sonne,
Je n'ouvre la porte à personne!
Je suis monsieur Jean,
Le concierge-gérant.

De mon règlement
La teneur à suivre est facile,
J'exclus forcément
Enfants, chiens, chats, du domicile.
Je ne tolère pas
Concerts, bruyants repas,
Tout fumeur ne doit point paraître,
Pour cracher même à la fenêtre...
Je suis monsieur Jean,
Le concierge-gérant.

Lettré quelque peu,
Le matin je lis sans mystère,
Devant un bon feu,

Le journal de maint locataire.
    Arrive-t-il parfois
    Qu'un article de choix
Me retient quand on vient le prendre,
J'use du droit de faire attendre...
    Je suis monsieur Jean,
    Le concierge-gérant.

    Tout marche à mon gré,
Du sous-sol au sixième étage,
    Je suis assuré,
D'imposer ma loi sans partage.
    Hier on proclama
    Ma jeune fille Irma
Devant un nombreux auditoire,
Premier prix du Conservatoire...
    Je suis monsieur Jean,
    Le concierge-gérant.

UNE PROMENADE A BAGNOLET

Paroles de J. A. SÉNÉCHAL.

Air des *Parisiens* (Charles Colmance).

Ma p'tite, faisons nos bamboches,
    L'dimanche on peut quitter Paris;
Met ton caraco gris, ta robe couleur souris,
    Il faut risquer tes rigolboches.
    Pour goûter du vrai briolet,
    Tiens, montons jusqu'à Bagnolet!

— 44 —

  Pour goûter du vrai briolet,
Tiens, montons, oui, montons jusqu'à Bagnolet!
  Depuis qu'y a plus d'ancienn' barrière,
  Il faut grimper sur le plateau;
 pour toi, mon agneau, c'panorama nouveau
  S'déroul'ra d'vant ta vue entière.
  C'est un coup d'œil des plus complet; } (bis.)
  Tiens, montons jusqu'à Bagnolet!
  Tu verras nos campagnes superbes
  En passant par Ménilmontant;
L' chemin des Partants, qu't'as pas vu d'puis 20 ans,
  Doux souv'nir de nos bouquets d'herbes,
  Où t'as cueilli plus d'un bluet;
  Tiens, montons jusqu'à Bagnolet! etc.
  Ah! quand tu m'parles d' la galette,
  J' te f'rai manger du vrai nanan;
   Ça vous croque sous la dent,
   Oui, j'te l'jure, foi d'Fanfan!
  A vous fair' sabler a piquette.
  Nous r'viendrons tous deux guillerets.
  Tiens, montons jusqu'à Bagnolet! etc.
  Béranger, ce divin poète,
  Souvent portait ses pas par là;
   La preuve, la voilà!
   C'est qu'il est gravé là
  Son aveugle que chacun répète (1).

(1) Le célèbre Béranger a fait une chanson en 1817, dont voici le refrain :

  Ah! donnez, donnez, s'il vous plaît,
  A 'aveugle de Bagnolet!

A la mémoire de chaque couplet,
Tiens, montons jusqu'à Bagnolet,
A la mémoire de chaque couplet,
Tiens, montons, oui, montons jusqu'à Bagnolet!

EMBRASSONS-NOUS
POUR LA DERNIÈRE FOIS

ROMANCE.

Paroles de J. A. SÉNÉCHAL.

Air : *Viens, belle nuit* ou de *Béranger*.

Eh! quoi, tu pars, tu délaisse Héloïse,
Qui t'adorait, qui t'aimait tendrement,
A ton amour je fus tendre et soumise;
Rappelle-toi de ton premier serment.
Ne m'as-tu pas juré d'être fidèle?
T'ai-je trahi, moi, vivant sous tes lois?
Puisque c'est toi qui me fus infidèle,
Embrassons-nous pour la dernière fois.   (bis)

Rappelle-toi qu'à l'autel de la Vierge,
Agenouillés, implorant le Sauveur,
Tous deux priant, tu fis brûler un cierge,
Jurant à Dieu de faire mon bonheur.
Je te croyais, mais, hélas! ô mensonge,

Tous tes serments étaient faux... je le vois;
Puisque je fus bien plus heureuse en songe,
Embrassons-nous pour la dernière fois.

Rappelle-toi que Dieu seul est le maître,
Et que sans lui, non, rien n'est triomphant;
Sans son pouvoir tu n'aurais pas vu naître
Ce gage heureux, mon trésor, notre enfant.
Oh! je le sais, te rappelant ses charmes,
Tu souffriras, méchant, plus d'une fois!
Mais, quoi! tes yeux se remplissent de larmes!
Embrassons-nous pour la dernière fois.

LA RÉCONCILIATION.

Alfred, adieu... adieu, c'est pour la vie!
Puisqu'ici-bas je n'ai plus qu'à souffrir,
Reprends l'anneau qui comblait mon envie
Pour effacer ce triste souvenir.
— Eh! quoi c'est toi qui me tiens ce langage,
Mais veux-tu donc me laisser aux abois?
Bonne Héloïse, oh! je serai plus sage,
Embrassons-nous comm' la première fois.

UN ANGE AU CŒUR D'OR

Paroles de J. A. SÉNÉCHAL.

Air des *Hirondelles de Béranger*.

Au sein d'une chaumière
Où siégeait la douleur,
A genoux sur la bière,

Marthe fondait en pleurs.
Ah! dit-elle à son frère,
Son âme vole au ciel;
Nous n'avons plus de mère,
Du malheur c'est le fiel.

REFRAIN.

Vers l'asile dernière,
Frère, conduisons-la;
Et rappelle-toi, Pierre,
Que notre mère est-là!

La cloche du village
Tintait le glas des morts,
Deux enfants en bas âge
Pleuraient suivant le corps.
Ce pénible cortége
Avançait en lenteur;
Malgré le froid, la neige,
Suivait le vieux pasteur.
Vers l'asile, etc.

Au retour, ô surprise!
Un méchant créancier
Choisissait à sa guise
Sa part du mobilier.
—Mais que voulez-vous vendre?
Dit Marthe, on n'a plus rien;
Eh! quoi, vous voulez prendre
Son portrait? C'est mon bien.

Une jeune fermière,
Un ange au noble cœur,
Acquitta la première
Les dettes du malheur.

LA FIANCÉE

ROMANCE

Paroles de J. A. SÉNÉCHAI.

Air : *Mon cœur est fermé* ou du *Dernier baiser.*

La feuille languissante a besoin de rosée ;
Sur sa tige la fleur attend le soleil d'or ;
Tel un cœur a recours en cherchant l'Élysée,
Où l'on trouve l'amour préférable au trésor.
L'oiseau quitte le nid et fuit loin de sa mère ;
Ce n'est pas sans regret, car il aime du cœur.
Ce qui nous fait aimer ici-bas, sur la terre,
C'est la flamme du ciel, l'amour pur, le bonheur.
Ce qui nous fait aimer ici-bas sur la terre,
C'est la flamme du ciel, oui, du ciel, l'amour pur, le
[bonheur !

Mère, en quittant ce toit, le lieu de ma naissance,
Ah ! sans vous dire adieu, chers parents, bons amis,
L'Eternel est puissant, et pour chaque existence,
Traça notre feuillet et dont rien n'est omis.
Celui qu'il m'envoya est aimé de votre âme.
Unis par l'amitié, gage consolateur,

Si nos cœurs ont parlé, c'est que la même flamme
Est la flamme du ciel, l'amour pur, le bonheur!
Si nos cœurs ont parlé, c'est que la même flamme
Est la flamme du ciel, oui, du ciel, l'amour pur, le
[bonheur!
L'espérance en tout temps est le fil de la vie;
Et sans elle on n'a plus cette sublime essor.
Le marin, sur les flots, n'a jamais d'autre envie
Que de revoir un jour ses amours et son port.
Avant de nous quitter, bénissez l'alliance
Donné' par mon époux devant le Rédempteur ;
C'est un gage sacré, la foi, la confiance,
C'est la flamme du ciel, l'amour pur, le bonheur!
C'est un gage sacré, la foi, la confiance,
C'est la flamme du ciel, oui, du ciel, l'amour pur, le
[bonheur!

QUAND C'EST PERDU, ÇA NE R'VIENT PAS

CHANSONNETTE.

Paroles de J. A. SÉNÉCHAL.

Air de *Fanchon et Lucas*.

LA JEUNESSE.

La petite Suzon, vaine de sa beauté,
Méprisant sans raison les vieux de la cité,
Sa mère aux cheveux blancs un jour lui dit tout bas

La jeuness' n'a qu'un temps, perdu', ça ne r'vient pas.
    Sur l'air du tradédéri, déri,
    Sur l'air du tradédéri, déra,
  Sur l'air du tradéridéra lan laire,
    Sur l'air du tradéridéri,
    Sur l'air du tradéridéra,
  Sur l'air du tradéridéra lon la.

LA BEAUTÉ.

Suzon, matin et soir, reflétait ses grands yeux
Dedans un beau miroir en lissant ses cheveux,
Et la poudre de riz saupoudrait tant d'appas :
Mais la beauté flétri', perdu', ça ne r'vient pas.
    Sur l'air, etc.

LA FORTUNE.

De la fille à Gros-Jean la belle se raillait,
Car cette pauvre enfant nuit et jour travaillait ;
Pour nourrir un vieillard elle n'avait que ses bras.
La fortune est bizarre, perdu', ça ne r'vient pas.
    Sur l'air, etc.

LA VERTU.

Médisant des garçons, des femmes, des maris,
La petite Suzon s'crut la fleur du pays ;
Quand un beau troubadour sut vanter ses appas...
En amour, la vertu, perdu', ça ne r'vient pas.
    Sur l'air, etc.

L'AMOUR.

Depuis que des tourments son âme est sans repos,
Car un jour son amant partit leste et dispos ;

Allons, chacun son tour; Suzon voit qu'en ce cas,
Vertu, bonheur, amour, perdus, ça ne r'vient pas.
Sur l'air, etc.

L'AFRICAIN

OU L'ENGAGÉ VOLONTAIRE.

Paroles de J. A. SÉNÉCHAL.

Air de *la France guerrière*.

Jeune orphelin, je quittai le village,
Et vers Paris, pensif, guidant mes pas,
Le cœur chagrin, errant sur cette plage,
Oui, je souffrais d'être seul ici-bas.
Ah! me disais-je en contemplant la terre,
Quoi! sans parents, sans soutien, sans état,
Faut-il mourir?... Non, fais-toi militaire;
Songe au pays... entends, le tambour bat.

REFRAIN.

Réveille-toi, pour l'honneur de la France,
De toutes parts chacun se fait soldat,
Et chasse au loin ton chagrin, ta souffrance,
    Vole au combat! (*bis*)

Un des premiers, sur la rive africaine,
J'ai parcouru les monts et les déserts;
Là je rêvais à la gloire prochaine,

Et je compris la liberté... les fers.
En vrai soldat j'affrontais les entraves,
Quoique bien jeune, hélas ! à dix-huit ans,
J'ai combattu comme nos vingt-trois braves
Et j'ai chanté au fort de Mazagran.
Réveille-toi, etc.

Après avoir sillonné notre Afrique,
De bout en bout toujours, chantant, riant,
Quand dans nos rangs on parle du tropique,
Embarquons-nous, voguons vers l'Orient.
Né pour la guerre et l'on vole en Crimée,
Chaque Français a montré sa valeur.
Sébastopol connut la renommée
Et Malakoff notre drapeau d'honneur.
Réveille-toi, etc.

Naguère encore au sein de l'Italie,
A Turbigo, Palestro, Magenta,
Peuple, soldat à la France s'allie,
Partout vainqueur, et maître du combat.
Solférino décida la victoire,
Et nous volons de succès en succès ;
Notre étendard partout flotte avec gloire,
Villafranca a vu signer la paix.

Après trente ans de gloire et de vaillance,
Le vieux zouave revient avec éclat,
Et sur son cœur brille la récompense
      Du vrai soldat !

AUX AMIS DE LA CHANSON.

DE BÉRANGER RÉPÉTEZ LES CHANSONS

Paroles de J. A. Sénéchal.

Air : *Gentils enfants, restez toujours petits.* (Feu Gustave Leroy.)

Gentils enfants, dont l'âme douce et bonne,
Êtres si beaux doués aux bons penchants,
D'un bon vieillard que la gloire environne,
Je vais ici vous réciter les chants.
Un grand poète a quitté ce bas monde
En nous laissant à chacun des leçons,
Pour honorer sa science profonde
De Béranger répétez les chansons.

Qu'il peignait bien dans sa bonne grand'mère
Tous les bienfaits du plus grand des héros ;
Tout y sourit, sa gloire et la chaumière
Où le grand homme prit un peu de repos.
Marchez, soldats, le cœur plein d'espérance ;
Le champ d'honneur a des croix pour moissons.
Pour conquérir et défendre la France,
De Béranger répétez les chansons.

Le grand poète un jour se fit prophète ;
Nostradamus prophétisait nos droits ;
Pronostiquant la honte et la défaite

Et la terreur du dernier de nos rois.
La liberté, fidèle à sa promesse,
Apparaissait, nous l'immortalisons;
Pour honorer cette mâle déesse,
De Béranger répétez les chansons.

LES QUATRE SERGENTS DE LA ROCHELLE.

J'entends déjà le glas des funérailles;
Ce son lugubre a brisé mon cerveau;
Sur cette terre, au fond de ses entrailles,
Souffrent des cœurs qui n'ont point de tombeaux.
Ces cœurs, enfants, ne fur'nt jamais rebelles;
Ils sont tombés défendant leurs blasons.
Pour réveiller leurs âmes immortelles,
De Béranger répétez les chansons.

AH! QU'ELLE EST GENTILLE!

BLUETTE.

Paroles de J. A. SÉNÉCHAL.

Air de *Mam'zelle Thérèse*.

Ah! qu'elle est gentille, la petite fille!
Son doux regard brille, et sous la charmille,
Quand elle sautille, qu'elle est gentille!

Cette charmante ouvrière
Ne compte pas vingt printemps ;
A l'atelier la première,
C'est le réjoui Bontemps.
Travaillant avec courage
Dès le matin et très-tard,
Pour une mère dont l'âge
Approche du bon vieillard.
Ah ! qu'elle est, etc.

J'aime la voir le dimanche,
Quand nous allons nous promener ;
Comme l'oiseau sur la branche,
Toujours prête à badiner,
Courant les vallons, la plaine,
Les prés, les buissons, les bois,
Elle chante à perdre haleine,
L'écho répond à sa voix.
Ah ! qu'elle est, etc.

Sous son simple habit de bure
Elle est belle en vérité,
Car elle a sous sa parure
Vertu, sagesse et beauté.
Ce n'est pas que je la prône,
Aimant la franche gaîté,
Elle ne fait pas l'aumône
Par orgueil ou vanité.
Ah ! qu'elle est, etc.

J'N'AI PAS D'PENCHANT POUR LES ANGLAIS

CHANSONNETTE.

Paroles de J. A. SÉNÉCHAL.

Air : *On dit que je suis sans malice.*

Cherchant en mon cerveau malade
De quoi faire une rigolade,
Quand un ami m'dit : J' n'ai qu'un sou ;
En as-tu trois pour boire un coup?
Afin de le mettre à son aise,
J'accepte avec lui cette anglaise.
Pourtant j'vous le jure, foi d'Français,
J'n'ai pas d'penchant pour les Anglais.

J'adore le jus de la grappe,
Et sur le bouchon quand je frappe,
Je remplis mon verre à plein bord,
Et j'ris du porter d'un milord.
J'aime tous les fruits sans mystère,
Et j'dévor' la poir' d'Angleterre
Pourtant, etc.

Oui, je préfère en nourriture
Le veau, le rôti vrai nature ;
Le brochet, la sole au gratin
Bien humectés de chambertin.
Le rosbif a pour moi des charmes
Le befteck jamais ne m'alarme.
Pourtant, etc.

J'aime la course, aussi la chasse,
La rapidité d'un steeple-chase ;
J'n'aime pas qu'on s'abîme le portrait ;
Pour moi la boxe n'a pas d'attrait.
D'un coup de poing vous tuez l'homme ;
Pour ces coups-là l'on vous renomme.
V'là pourquoi j'vous l'jure, foi d'Français,
Qu'j'ai pas d' penchant pour les Anglais.

LA PETITE MARGUERITE

OU

UNE VIVANDIÈRE SOUS L'EMPIRE.

ÉPISODE HISTORIQUE.

Paroles de J. A. SÉNÉCHAL.

Air de *l'Enfant du bon Dieu*

Bien jeune abandonnée sur terre,
On la trouva dans un berceau,
Sur un fourgon de militaire,
Marchant et suivant le drapeau.
Quand au milieu de la journée
Nos soldats furent étonnés
De voir un enfant s'écriant.
Quelle surprise pour ces braves,
Dont le bon cœur est sans entraves,
Et chacun d'eux dit, souriant :

REFRAIN.

L'enfant trouvé au sein de la colonne
Est un présage au noble sentiment;
Dieu nous l'envoie et Dieu nous l'abandonne;
Elle est pour nous l'enfant du régiment.

La honte, l'honneur, la misère
Ont-ils perdu l'enfant d'amour?
Peut-être que sa pauvre mère
Est morte en lui donnant le jour.
Il se peut aussi que son père
Suivit nos rangs, notre bannière
Et pour combattre en vrai soldat.
Va, ne crains rien, petite fille,
Ici tu trouve une famille,
L'honneur, le soutien de l'État.
L'enfant, etc.

DOUZE ANS PLUS TARD.

Comme un soldat bravant la foudre,
Affrontant le feu du canon,
Jamais elle n'a craint la poudre
Et sut se faire un grand renom.
Un jour, devant le capitaine,
Elle ajusta, ferme et certaine,
Un des ennemis très-adroit;
Il succomba sous sa mitraille.
L'Empereur, au sein de la bataille
Devant nous lui donna la croix.
L'enfant trouvé, etc.

On la nomma la Marguerite.
Jemmape a vu son dévoûment.
Prompte, légère, la petite
Versait à boire au régiment.
On chérissait la vivandière,
Car elle avait l'âme guerrière,
Partout se montrant sans repos :
En Belgique, aussi l'Italie,
En Prusse, en Espagne, en Russie.
Elle a su combattre en héros...
L'enfant trouvé, etc.

ENTRE L'NEZ ET L'MENTON

Paroles de Stanislas Tostain.

Air : *Entre Paris et Lyon.*

Entre l'nez et l'menton,
Dzin' la, dzin' la, dzin' la bon,
Est un p'tit trou mignon
Qu' les enfants appell'nt goulette;
Or, de la goulette à Fanchon,
V'là l'histoir' claire et nette.

Entre l'nez, etc.

La goulette à Fanchon,
Dzin' la, dzin' la, dzin' la bon,
A gourmé plus d'mâcon

Et d'bordeaux que de piquette,
L'eau, dit-elle, est de mauvais ton,
C'est bon pour une ablette.

 Entre l'nez, etc.

La goulette à Fanchon,
Dzin' la, dzin' la, dzin' la bon,
Tortillait un pigeon
Comme elle eût fait d'une mauviette.
Pourvu qu'on lui servît du bon,
Ell' s'passait bien d'assiette.

 Entre l'nez, etc.

La goulette à Fanchon,
Dzin' la, dzin' la, dzin' la bon,
Disait au jeun' garçon
Qui v'nait lui conter fleurette,
J' n'écout les homm's que pour tout d'bon,
Sans garantir leur tête.

 Entre l'nez, etc.

La goulette à Franchon,
Dzin' la, dzin' la, dzin' la bon,
Disait au vieux barbon
Qui voulait faire sa conquête,
Si vot' bours' rend un gentil son,
J'pass'rai sur votre air bête.

 Entre l'nez, etc.

La goulette à Fanchon,
Dzin' la, dzin' la, dzin' la bon,

Maint'nant a changé d'ton,
Sa forme est bien moins coquette,
Son nez touche avec son menton,
Ça forme l'casse-noisette.
Entre l'nez et l'menton,
Dzin' la, dzin' la, dzin' la bon,
Se cache le trou mignon
Qu' les enfants appell'nt goulette.

MA TOUTE BELLE

MÉLODIE.

Paroles de J. A. SÉNÉCHAL.

AIR : *Les bois sont verts, les lilas sont en fleurs.*

Ma toute belle est le nom que je donne
A mon amie, ange d'humanité,
Un cœur ouvert à qui je m'abandonne,
Esprit, candeur et sagesse et bonté.
J'admire en elle et sa vive tendresse;
Son doux regard a des droits sur mon cœur.
On est heureux auprès de sa maîtresse;
Ma toute belle, hélas ! fait mon bonheur.

Ma toute belle, ô la plus noble image !
A l'âme pur', modeste et sans détour,

Parfums d'amour, et vertueuse et sage,
A toi mon cœur pour le tien en retour.
Oui, je t'adore, à toi chaque caresse.
Ah! réponds-moi, modèle de douceur.
On est heureux auprès de sa maîtresse;
Ma toute belle, hélas! fait mon bonheur

Ma toute belle est une créature
Qui fait renaître en hiver le printemps
Ma toute belle, ô don de la nature!
Charme mes jours et mes courts instants.
Aussi sa voix m'enivre avec ivresse,
Et chaque son fait palpiter mon cœur.
O jour heureux! ô charmante maîtresse!
Ma toute belle, hélas! fait mon bonheur.

LES ENFANTS DU NORD

Paroles de J. A. SÉNÉCHAL. — Musique de GODEN.

GLOIRE ET VALEUR.

Enfant du Nord, invoquez dans l'histoire
Vos fiers aïeux qui défendaient nos droits;
Quatre-vingt-douze au temple de la Gloire
Grava vos noms et vos brillants exploits.
Quand l'étranger dévasta la frontière,
Semant partout et la flamme et la mort,
Qui donc alors sauva la France entière?
N'est-ce pas vous, nobles enfants du Nord?

GRANDEUR D'AME ET GÉNÉROSITÉ.

L'enfant du Nord compte tout en partage,
Tout ce qui fait le héros, le soldat ;
S'il est fougueux au milieu du carnage,
Il est humain après chaque combat.
Plus d'une foi il pansa la blessure
D'un ennemi vaincu par son effort ;
Et l'ennemi, renonçant à l'injure,
Devint ami du noble enfant du Nord.

L'AMOUR, LA BIÈRE ET LE TABAC

L'enfant du Nord franc auprès d'une belle,
Donne et promet sa fortune et son cœur..
Par sa franchise a-t-il triomphé d'elle ?
De son amour il redouble l'ardeur :
Il devient doux, et sa vive tendresse
Jamais, jamais près d'elle ne s'endort ;
Il sait aimer pipe, bière et maîtresse,
Voilà, voilà le noble enfant du Nord.

ARTS. — INDUSTRIE. — SCIENCE.

L'enfant du Nord sait à la mécanique
Joindre les arts, agréables talents :
Lyre, pinceaux et peinture et musique,
Chantant en chœur les Jean-Bart de leur temps.
Les arts divins, l'immortelle science
Ont sous son ciel prit un rapide essor,
Esprit, talents, adresse, intelligence,
Tout brille au front du noble enfant du Nord.

HUMANITÉ.

L'enfant du Nord a l'âme douce et bonne,
De ses vertus il garde le secret
Et sait cacher sa main lorsqu'elle donne,
Lorsque son frère a besoin d'un bienfait.
Par quelques mots il sait rendre courage
Au malheureux que courbe un triste sort;
Pain et travail, il met tout en partage,
Rien n'est si bon qu'un noble enfant du Nord.

LE SOUVENIR

OU

L'HISTOIRE QU'UN VIEUX SOLDA RACONTE A SON ENFANT.

Paroles de J.-A. SÉNÉCHAL.

AIR des *Vins de France*, de *Viens, belle Nuit*, ou de *Béranger à l'Académie*.

Regarde, enfant, rappelle-toi sa fête,
Voilà déjà bien longtemps qu'il n'est plus;
Il a conduit, de conquête en conquête,
Tant de héros qui sont près des élus !
Vois-tu là-haut ce ciel bleu sans nuage ?
Son âme, hélas ! des cieux sait nous bénir ;
Saluons-le en lui rendant hommage,
Car c'est pour nous un bien doux souvenir.

Au seul aspect de sa capote grise,
Les rois tremblaient et craignaient les revers ;
Tu vois, mon fils, bien simple était sa mise
Pour commander en maître à l'univers ;
Il était bon, juste et plein de courage,
Avec honneur il sava conquérir.
Saluons-le, etc.

Je m'en rappelle, on partait pour l'Egypte,
Alexandrie et Rosette sont à nous ;
Aux Pyramides, au Caire, tout est en fuite,
Là notre gloire a fait plus d'un jaloux...
Nos trois couleurs flottèrent sur ce rivage :
De ses hauts faits on peut s'enorgueillir...
Saluons-le, etc.

Eh bien ! mon fils, c'était mon capitaine.
Je l'ai suivi tout partout sans effroi.
Un biscaïen m'enleva sans mitaine
Ma jambe gauche ; elle me vaut la croix.
A Waterloo, mon sang bouillait de rage,
Lorsque j'appris qu'on venait de trahir.
J'aurais couru au milieu du carnage...
De ton vieux père voilà le souvenir.

HUMANITÉ.

L'enfant du Nord a l'âme douce et bonne,
De ses vertus il garde le secret
Et sait cacher sa main lorsqu'elle donne,
Lorsque son frère a besoin d'un bienfait.
Par quelques mots il sait rendre courage
Au malheureux que courbe un triste sort;
Pain et travail, il met tout en partage,
Rien n'est si bon qu'un noble enfant du Nord.

LE SOUVENIR

ou

L'HISTOIRE QU'UN VIEUX SOLDA RACONTE A SON ENFANT.

Paroles de J.-A. SÉNÉCHAL.

AIR des *Vins de France*, de *Viens, belle Nuit*, ou de *Béranger à l'Académie*.

Regarde, enfant, rappelle-toi sa fête,
Voilà déjà bien longtemps qu'il n'est plus;
Il a conduit, de conquête en conquête,
Tant de héros qui sont près des élus !
Vois-tu là-haut ce ciel bleu sans nuage?
Son âme, hélas ! des cieux sait nous bénir;
Saluons-le en lui rendant hommage,
Car c'est pour nous un bien doux souvenir.

Au seul aspect de sa capote grise,
Les rois tremblaient et craignaient les revers ;
Tu vois, mon fils, bien simple était sa mise
Pour commander en maître à l'univers ;
Il était bon, juste et plein de courage,
Avec honneur il sava conquérir.
Saluons-le, etc.

Je m'en rappelle, on partait pour l'Egypte,
Alexandrie et Rosette sont à nous ;
Aux Pyramides, au Caire, tout est en fuite,
Là notre gloire a fait plus d'un jaloux...
Nos trois couleurs flottèrent sur ce rivage :
De ses hauts faits on peut s'enorgueillir...
Saluons-le, etc.

Eh bien ! mon fils, c'était mon capitaine.
Je l'ai suivi tout partout sans effroi.
Un biscaïen m'enleva sans mitaine
Ma jambe gauche ; elle me vaut la croix.
A Waterloo, mon sang bouillait de rage,
Lorsque j'appris qu'on venait de trahir.
J'aurais couru au milieu du carnage...
De ton vieux père voilà le souvenir.

LA PETITE OUVRIÈRE BLANCHISSEUSE

Paroles de J.-A. SÉNÉCHAL.

Air du *Jus de la treille.*

REFRAIN.

Blanchisseuse, aussi repasseuse,
Vrai modèle de la propreté,
A l'ouvrage toujours joyeuse,
Sans orgueil et sans vanité,
Pan, pan, pan, travaillant gaiment,
Pan, pan, pan, toujours frappant,
Répétant ce refrain charmant,
Pan, pan, pan, pan, pan, pan, pan, pan

Au feu naissant de la brillante aurore
La blanchisseuse apparaît le matin,
Elle bénit l'aube qui vient d'éclore,
Et confiante en son pauvre destin,
Vous la voyez, et surtout quand il gèle,
Les mains à l'eau, armée de son battoir,
Casser la glace et de cœur et de zèle ;
Ces cœurs d'acier remplissent un saint devoir.

A son baquet ou bien à la rivière
Chacun la voit active à son métier,
Là, savonnant la dentelle princière,
De l'artisan ou du pauvre ouvrier,
Elle blanchit le rentier, la coquette,

L'étudiant, le baron, le marquis,
Et cependant, vous voyez la pauvrette
Gagne avec peine un morceau de pain bis.

Le seul bonheur de la pauvre ouvrière,
C'est du travail, malgré la pluie, le vent,
Il faut du pain pour la famille entière,
Car le mari chôme hélas ! trop souvent ;
Et redoublant d'ardeur et de courage,
Brosse et battoir font un sabbat d'enfer ;
Ses bras nerveux font vingt fois plus d'ouvrage
Que vos machines et de bois et de fer.

L'AMOUREUX DE JEANNETTE

Paroles de MAURICE PATEZ.

Air du *Mirliton*.

Fille au gentil corsage,
Jeannette ou Jeanneton,
A l'plus drolet visage
Qui soit dans le canton.
Amoureux d'elle, en cachette
Soupire plus d'un garçon,
Et tendrement il répète,
En se grattant le menton :
Qu'il est gentil de Jeannette

Le petit minois fripon,
Le joli petit minois mignon
De Jeanneton.

Les riches demoiselles
Avec leurs falbalas,
Leurs bijoux, leurs dentelles,
Moins qu'elle ont des appas.
Oui, malgré leurs bell's toilettes,
Jeannette en simple jupon
Est cent fois plus gentillette
Que les filles du grand ton.
Qu'il est gentil de Jeannette
Le petit minois fripon,
Le joli petit mimi menton
De Jeanneton.

C'est moi que son cœur aime,
Et j'suis si charmé d'ça,
Que je deviens tout blême
Rien qu' d'y penser, oui-dà...
Autrefois, près d'un' fillette,
J'étais plus froid qu'un glaçon,
Mais un r'gard de ma brunette
M'enflamme comme un tison.
Qu'il est gentil de Jeannett
Le petit minois fripon,
Le joli petit mimi menton
De Jeanneton.

A la fêt' du village,
J'fus heureux comme un roi,

Jeannette, un peu sauvage,
Ne dansa qu'avec moi.
Puis la belle satisfaite,
Dans un moment d'abandon,
M'laissa lui prendre (ah! quelle fête)
Un baiser sur son... chignon.
Qu'il est gentil de Jeannette
Le petit minois fripon,
Le joli petit mimi menton
De Jeanneton.

Comme l'amour c'est étrange,
Maint'nant l'jour et la nuit,
J'ai le nez qui m'démange,
Un cauch'mar qui m'poursuit.
Mais lorsque me fait risette
Sa bouche rose-pompon,
De plaisir j'sens sur ma tête
Se dresser mon bonnet d'coton.
Qu'il est gentil de Jeannette
Le petit minois fripon,
Le joli petit mimi menton
De Jeanneton.

Avant peu, je l'espère,
J'posséd'rai mon objet,
Grâce à monsieur l'maire,
Mon bonheur s'ra complet.
J'vas-t'y baiser à pincette,
Sa bouche, son nez mignon,
J'croirai manger d'la galette,
Tant ça me semblera bon.

Qu'il est gentil de Jeannette
Le petit minois fripon,
Le joli petit mimi menton
De Jeanneton.

LES REFRAINS DU MANCHOT.

Paroles de F.-P. Leroux et de J.-A. Sénéchal.

Air : *Petits Enfants, restez toujours petits*
(feu Auguste Leroy).

Mes bons amis, sans chercher l'étiquette,
Oui, sur mon sort, j'ose versifier,
Et ne veux pas me poser en poète,
Ni me placer au rang du chansonnier.
Mais près de vous si j'étais admissible,
Ah! j'offrirais de ma muse un grelot ;
Pour adoucir mon sort assez pénible,
Chantez en chœur les refrains du manchot.

Vous ignorez les malheurs de la vie,
Votre présent est parsemé de fleurs,
Demain peut-être, c'est dit sans envie,
Trouverez-vous la pente des douleurs.
Que votre cœur généreux et sensible
Soit préservé de cet affreux fléau ;
Pour adoucir, etc.

A chaque pas je crains que l'on dédaigne
La faible voix du malheureux chanteur,
Ah! c'est bien là que ma blessure saigne,
En bénissant la main du bienfaiteur.

Lui seul comprend, et la cause est visible,
Pour le travail, un bras nous fait défaut :
Pour adoucir, etc.

Oui, la chanson égaie la demeure,
Et chasse au loin les chagrins, les soucis,
Endort l'enfant, l'apaise quand il pleure,
Et fait chanter les gloires du pays.
A l'atelier, la trompette invincible
Fait résonner l'enclume, le marteau ;
Pour adoucir mon sort assez pénible,
Agréez tous les refrains du manchot.

HONNEUR ET GLOIRE AUX TRAVAILLEURS.

Paroles de J.-A. SÉNÉCHAL.

Air du *Vin des Gueux*, de J. Evrard, musique d'Ad. Vaudry.

Au travailleur, science, arts, industrie ;
A lui la gloire, et du chaume au palais,
Pour élever sa famille chérie,
Matin et soir on le voit sans relais,
Comme un cheval bouillonnant de courage,
A l'établi, l'étau et l'atelier,
Son seul bonheur, contemplant son ouvrage,
C'est le travail ! respect à l'ouvrier !

REF.   Retenez la leçon d'un brave :
    Vous goûterez des jours meilleurs ;
    Bras nerveux n'a jamais d'entrave.
    Honneur et gloire aux travailleurs !

Le bûcheron vient d'abattre cet arbre,
Et le mineur sut extraire les métaux :
Le plomb, le fer, la pierre, aussi le marbre.
Tout par leurs mains devient des chapiteaux
Ornés de fleurs, de sculpture idolâtre.
Par ses richesses où renaît la splendeur,
Depuis le sable au granit, à l'albâtre,
Du vrai talent admirons la grandeur.
 Retenez la leçon d'un brave, etc.
Il est aussi des travailleurs bien dignes,
Et dont l'idée n'a qu'une ambition :
Le vigneron vient de greffer sa vigne,
Le laboureur creuse un étroit sillon
Avec bonheur il jette sa semence,
Puis il se dit : j'espère au lendemain ;
Douce rosée, ô manne ! ô Providence !
Germe et mûrit, c'est pour le genre humain.
 Retenez la leçon d'un brave, etc.
Enfants, jetez vos yeux vers le passé ;
L'homme à talents éclaira nos esprits,
Peintres, sculpteurs à la noble pensée,
De tant d'auteurs relisons les écrits.
Oui, l'imprimeur, journaliste ou poëte,
Guerriers, marins, affrontant le danger,
Grand orateur, éclairez chaque tête,
Comme en ses chants fit le grand Béranger.
 Retenez la leçon d'un brave, etc.

FIN.

Imprimé par Charles Noblet, rue Soufflot, 13.

www.ingramcontent.com/pod-product-compliance
Lightning Source LLC
LaVergne TN
LVHW051456090426
835512LV00010B/2170